AF360341

DERNIER
MEMOIRE

POUR M. le Maréchal DE RICHELIEU,
Pair de France;

*CONTRE Madame DE SAINT-VINCENT,
le Sieur VEDEL, & autres.*

AU milieu des contradictions de Madame de Saint-Vincent, une lumiere terrible pour elle, s'éleve & vient frapper les regards de la Justice; le crime est avéré. Les prétendus billets de M. de Richelieu sont faux; toutes les causes qu'elle leur a supposées sont fausses; celle qui a fait tant de mensonges sur l'origine de ces billets, est nécessairement celle qui les a fabriqués.

Le faux est avéré, on ne peut plus en douter; outre les rapports juridiques qui le prouvent, trois Experts

A

confultés & choifis par les Accufés, avant le commencement du procès, ont reconnu les fauffes lettres & les faux
billets: en examinant qui a commis ce faux, M. de Richelieu ne defcendra pas jufqu'à la portée des traits impuif-
fans que le défefpoir des coupables a lancés contre lui; les
preuves qui fe préfentent en foule, en conftatant le faux,
ne laiffent point de doute fur les fauffaires.

On fait déformais que Madame de Saint-Vincent n'a
point été enlevée ni féduite par M. de Richelieu; dans
les commencemens de leur correfpondance, elle gémiffait;
il voulait bien compatir à fes peines, elles étaient la matiere des lettres qu'il lui écrivait.

Il ne l'a point enlevée de Milhaud, de Tarbes ni de
Poitiers.

A Milhaud, l'ennui, le défaut d'eftime, l'engagerent à
prier M. de Richelieu de la faire changer de retraite; il
négocia ce changement avec le Miniftre, avec fa famille;
il éprouva quelque réfiftance, mais il réuffit à obtenir le
confentement du plus grand nombre de fes parens.

A Tarbes, l'Evêque à qui elle était recommandée par
fon mari, par fa famille, fe plaignit de fa conduite, &
defira qu'elle fortît de fon Diocèfe, trouvant en elle une
légereté, un goût de dépenfe, des inclinations capables
d'inquiéter; il conjura M. de Richelieu de hâter l'expédi-
tion de l'ordre qui avait été demandé *par fon mari & par
toute fa famille*, pour la tranférer à Poitiers. Dans le peu
de tems qu'il l'avait vue, il l'avait jugée fi peu favorable-
ment, qu'il ne put s'empêcher d'écrire à M. le Maréchal:
« Vous ne la connaiffez pas, cette femme à laquelle votre
» bonté s'intéreffe, vous ne l'avez jamais vue; fi vous la

» connaissiez, vous sauriez que son plus grand malheur est
» en elle-même, & que ce malheur est sans ressources.... Sa
» présence m'allarme..... *Vous la verrez un jour, j'aurai*
» *l'honneur de vous revoir après, & vous nous jugerez* ».
Fatale prédiction que l'évenement à suivie!

A Poitiers, M. de Richelieu ne l'a vue que quatre fois
en allant ou revenant de son Gouvernement ; il s'était
intéressé pour elle, parce qu'elle se disait malheureuse ;
il la croit plus tranquille ; elle perd les seuls droits qu'elle
avait sur son cœur, & ils ne sont remplacés que par les
froids égards de la parenté.

Si tout annonce que Madame de Saint-Vincent n'a
point inspiré de folle passion à M. de Richelieu, elle ne
paraît pas avoir été plus éprise de M. le Maréchal. Vedel
amusait sa retraite ; elle ne lui avait point écrit de Tarbes
ni de Milhaud, de ces lettres puissantes, qui, selon elle,
avaient enchanté M. de Richelieu, car il n'était pas bien
enflammé ; mais Madame la Présidente qui *veut s'en faire
aimer*, accroît dans son cœur le germe de la cupidité ; elle
excite un intérêt qui lui tient lieu de tendresse ; & si les
faiblesses de l'amour semblent plus excusables, elles n'ont
à l'extérieur que les mêmes effets.

Elle lui fait croire qu'elle va toucher de grandes som-
mes d'argent, & comme il est à ses yeux *le plus digne de
la fortune,* elle veut qu'il soit aussi le plus comblé de ses
faveurs.

Régnant sur toutes les facultés de cette femme égarée,
il était bien moins satisfait de son amour que de ses pro-
messes ; il croit voir des coffres immenses s'entr'ouvrir, il
croit y puiser des trésors.

A ij

4

Quelle était la source de ces richesses? Madame de Saint-Vincent lui déclare que c'est qu'elle est éperduement aimée de son Cousin M. le Maréchal, & *qu'il s'est passé quelque chose qu'elle ne veut pas dire, pourquoi il lui a promis cent mille écus.* Un autre se serait peut-être indigné contre une femme de qualité qui s'accuse elle-même d'une bassesse, qui cause encore de la honte aux viles créatures de qui la misere écarte les mœurs; mais Vedel ne s'arrête point à des préjugés vulgaires; il veut savoir où sont les cent mille écus; il apprend que Peschot, Banquier de Bordeaux, doit les apporter incessamment.

Cette déclaration ne suffit point; il craint de voir évanouir le prix de ses soins. Madame de Saint-Vincent l'*accoutumait à recevoir de petites choses en attendant les grandes,* mais il la presse toujours : elle s'était trop avancée; le mensonge amene le faux; elle écrit à Peschot afin de se procurer de son écriture, sous le prétexte de lui emprunter cinquante louis; il lui fit réponse, & les lui refusa : elle montre d'abord à Vedel quelques lettres qu'elle prétend avoir reçues de Peschot, & fabrique ensuite une correspondance entiere qu'elle fait durer plusieurs mois. Cependant il s'impatientait & montrait de l'humeur; Madame de Saint-Vincent lui dit un jour, qu'elle avait écrit à Peschot pour qu'il apportât les cent mille écus; qu'on juge du plaisir que lui causa cette nouvelle : il lui fit de tendres sermens, mais elle craignait de voir bientôt s'obscurcir encore le front de son amant. « Si par malheur, » comme cela peut arriver, lui écrivait-elle, que Peixotto » ne réponde pas sur le champ, *tu oublieras tout ce que tu* » *m'as promis, & tu me feras une vie de chien;* j'aurai beau

» vouloir te mener dans le cabinet fombre, tu ne voudras
» pas y venir, je ferai furieufe ».

Il veut voir les lettres de M. le Maréchal, qui atteftent
ce violent amour, dont il doit naître cent mille écus : elle
a recours à l'art qu'elle étudiait à Milhaud ; elle contre‑
fait des lettres de M. de Richelieu ; elle ne prévoit pas
encore où ces fauffetés doivent la conduire, mais elle y
renoncerait avec peine ; elles lui deviennent cheres, parce
qu'elles enchaînent Vedel : elle eft pourtant inquiéte ,
agitée ; elle confeffe elle-même dans une lettre, qu'au milieu des troubles qu'elle éprouvait, elle aurait donné fa
vie pour peu de chofe.

Mais Vedel s'apperçoit que Madame la Préfidente eft
dans l'habitude de mentir avec beaucoup d'affurance : il
fait plus, il découvre que la correfpondance de Pefchot ,
eft une correfpondance fabriquée par cette femme artifi-
cieufe ; il le lui fait avouer. Il devait en conclure que
Pefchot n'était point dépofitaire des cent mille écus , & qu'il
ne devait point venir les apporter ; qu'étant faux que les
cent mille écus fuffent dépofés , il était également faux
qu'ils euffent été promis ; que ces cent mille écus n'étaient
qu'un fruit avortif de l'amour de Madame de Saint-Vincent ,
du defir qu'elle avait de lui plaire , & de la connaiffance
qu'elle avait des refforts qui pouvaient le tenir en activité ;
qu'enfin l'égarement, pour flatter l'intérêt engendrait, cette
chimere. Au contraire, il fe perfuade toujours que les cent
mille écus vont venir, ou plutôt il feint de le croire ,
lorfqu'il ne le croit plus.

Madame de Saint-Vincent lui montre enfin les reffources
de fon induftrie ; elle lui prouve que les lettres de M. de

Richelieu font affez bien imitées pour faire illufion; fes efpérances renaiffent, le talent de Madame de Saint-Vincent peut les réalifer. C'eft alors qu'a été faite cette lettre où M. de Richelieu eft cenfé écrire à Vedel, qu'il ne connaît pas, pour lui annoncer qu'il a dépofé 45000 livres pour Madame de Saint-Vincent, chez un Procureur de Poitiers, dont il ne dit pas le nom.

Madame de Saint-Vincent mandait journellement à Vedel, les progrès d'une groffeffe qu'elle dit à préfent n'avoir été qu'un menfonge; il leur parut plaifant de fuppofer que cette groffeffe était le fruit des amours de M. de Richelieu, & d'en faire la caufe de fa prodigalité envers Madame de Saint-Vincent; elle s'amufait à écrire des lettres où elle décernait à M. de Richelieu les honneurs de cette fauffe paternité; Vedel faifait les modeles ou brouillons des prétendues réponfes de M. de Richelieu, & Madame de Saint-Vincent les exécutait avec foin. La Méthode qu'elle employait pour réuffir dans cette imitation, était de prendre des phrafes entieres des vraies lettres de M. de Richelieu, & de les tranf-pofer dans les fauffes, en les contretirant à la vitre : telle eft l'origine de ce paquet de papiers intitulé *Brouillons*, dans lequel on a trouvé des fragmens découpés des vraies lettres de M. de Richelieu, & les modeles des fauffes où ces frag-mens fe trouvent répétés (1). Il fallait avoir un grand

____

(1) Ce travail eft fans doute difficile; les Défenfeurs de Madame de Saint-Vincent ont même foutenu qu'il était impoffible qu'elle eût fabri-qué de cette maniere vingt-deux lettres qui font arguées de faux; mais quelque patience que ce travail ait exigé, on n'en doit pas induire que Madame de Saint-Vincent ne l'ait pas fait; c'était le fruit de quinze an-nées d'étude; elle étoit enfermée depuis vingt ans au Convent, & l'on

nombre de ces lettres, pour appuyer la fable qu'ils avaient concertée, & avant de fonger à répandre dans le public de faux engagemens de M. de Richelieu.

Un jour qu'ils s'entretenaient de leurs projets, ils furent effrayés, fans doute, de la fuite qu'ils pouvaient avoir; mais l'effroi ne dura pas long-tems, & Madame de Saint-Vincent en plaifentait le lendemain en écrivant à fon complice : ... « Oh » que nous étions laids ! *& cette grimace de pendu* dont tu me » menaças : j'aimerais mieux être pendue moi-même, que » de te voir avec un air fi indifférent ». Auffi s'expofait-elle à tout pour faire ceffer cette indifférence.

Ses créanciers, fa paffion, le defir de procurer à celui qui en était l'objet tout ce qu'elle lui avait promis, & de faire éclore fes travaux, la déciderent à s'évader du Couvent de Sainte - Catherine, où elle était toujours détenue par Lettre - de - Cachet, & à fuivre Vedel à Paris; elle lui promit que huit jours après fon arrivée, il aurait de l'argent, & les termes de fes lettres annoncent affez les moyens dont elle voulait fe fervir pour l'obtenir.

Elle ne pouvait pas trouver à Paris, auffi-tôt qu'elle l'avait cru, les intelligences & les agens qu'il lui fallait pour venir à bout de fes deffeins; elle refte quelque tems dans la mifere; mais bientôt elle fait paraître un mandat de cent

---

fait que les perfonnes enfermées, amufent leurs loifirs de beaucoup d'ouvrages qui étonnent la patience des gens du monde : le premier acroftiche fut, dit-on, fait par un moine; on connaît les chefs-d'œuvre, qui fe font dans les prifons, dans les Couvens, dans les Hôpitaux; Madame de Saint-Vincent a voulu fignaler fa captivité par des chefs-d'œuvre d'un autre genre; elle a peut-être contrefait cent lettres de M. de Richelieu.

mille écus fur le fieur Pefchot, & figné *le Maréchal Duc de Richelieu*. On demandera comment Madame de Saint-Vincent, ayant écrit à Pefchot pour lui emprunter cinquante louis qu'il lui avait refufés, ayant fait de fauffes lettres de ce Banquier & l'ayant avoué, s'avifait d'employer le nom du même Banquier dans un mandat qu'elle voulait faire paffer pour vrai? Comment le fieur Vedel, qui favait le fecret de cette fauffe correfpondance, fe prêtait à faire circuler ce mandat? Mais elle était habituée à prononcer & à écrire le nom de Pefchot : le crime eft aveugle & ne raifonne pas.

Elle fit mettre fur ce premier mandat, une fauffe acceptation par un fieur Cauron, qui, ne fachant pas bien le nom du Banquier, l'écrivit comme il l'avait entendu prononcer, *Pefchot*; elle voulut négocier ce mandat, mais s'étant trouvé mal conçu, elle en fit un autre, & ne fe reffouvenant plus du vrai nom de Pefchot, qu'elle trouvait mal figuré dans le premier mandat, elle lui écrivit une feconde fois, & encore fous le prétexte de lui emprunter cinquante louis; ce fut fur la réponfe de ce Banquier, que fut imitée l'acceptation du nouveau mandat, & le nom fut écrit régulierement, *accepté Peixotto*.

Revêtu de cette acceptation, le mandat fut préfenté par le fieur Dumas au fieur Julien, qui reconnut que l'acceptation était fauffe. Le fieur Dumas allarmé d'en avoir donné fa reconnaiffance, s'empreffa de la retirer; elle héfitait, mais forcée de la rendre, elle fupprima promptement l'acceptation & le mandat; elle y fubftitua des billets au porteur : elle a dû regretter de n'en avoir pas plutôt fait ufage. Ces billets n'ayant befoin ni d'endoffement ni d'acceptation,

il

il fuffifait que la fignature fut bien imitée, & Madame de Saint-Vincent était exercée dans cette art.

Heureufement M. de Richelieu apprit affez promptement que ces billets circulaient à Paris; il n'en favait ni la quantité ni la valeur; Madame de Saint-Vincent ne le favait peut-être pas elle-même; elle en fabriquait continuellement, & dans le moment même où fes négociations ont été interrompues, elle en créait encore pour quatre-vingt mille livres M. de Richelieu lui écrit, elle répond en niant tout à la fois les négociations & les billets. Si elle n'avait pas elle-même fabriqué ces billets, pourquoi niait-elle leur exiftence? Si elle n'avait d'autre tort que de les avoir négociés, à quoi lui fervait-il de nier la négociation, lorfque M. le Maréchal en avait des preuves?

Elle va trouver en tremblant un Magiftrat terrible aux criminels, le Lieutenant de Police; elle offre de rendre les billets, de retirer ceux qu'elle avait négociés; elle croit fe juftifier en montrant un billet au porteur de cent mille écus qu'elle prétend avoir été changé en d'autres billets; mais on lui demande comment il ferait poffible que M. de Richelieu eut laiffé fubfifter un effet de cette fomme en échangeant fa valeur?

Elle n'était pas alors auffi ferme dans le crime qu'elle l'eft devenue depuis; les protecteurs que la paffion, les préjugés, l'injuftice lui ont procuré, ne s'offraient point encore à fon courage abattu; elle n'était capable d'aucune réfolution, tous les partis lui paraiffaient dangereux.

En proye aux allarmes & frappée de terreur, elle ne cherche qu'à détruire les preuves de fon crime; les lettres de Vedel, une partie des vraies lettres de M. de Richelieu, tout eſt ſacrifié ; elle anéantit celle qu'elle avait reçue de Bordeaux, le 12 Juillet ; il n'y a point de tentatives qu'elle ne faſſe pour ravoir de Rubit, les billets qu'elle avait négociés ; elle déchire un billet de ſix cents livres, pour l'engager à dire qu'il n'a plus les billets ; Yedel & Benavent, font les plus grands efforts pour extorquer, à ce Fripier, un certificat qu'ils lui avaient donné, que les billets étaient *légitimement dûs* à Madame de Saint-Vincent, & qu'il en avait *légitimement* compté la valeur.

Elle veut s'enfuir, mais un beſoin d'argent inconcevable, puiſqu'elle avait reçu ſept mille livres de ſes négociations, lui ôte cette derniere reſſource des criminels ; envain elle écrit à Benavent : *il faut que je parte lundi, parce qu'on m'a avertie ; fais-ici donner cet argent ou il faut que je ſois priſe.* Elle fait tenter de nouvelles négociations ; enfin, le gouvernement accorde à la ſûreté publique un ſecours qu'il n'était plus poſſible de différer : on l'arrête, on arrête Benavent, on les conduit à la Baſtille. Senſible à la douleur que devait éprouver le pere de Madame de Saint-Vincent, M. de Richelieu aurait bien voulu ne pas précipiter les pourſuites contr'elle ; elles auraient été ſans doute moins affligeantes pour la famille de cette femme coupable, ſi une chûte violente n'avait pas réduit M. le Marquis de Vence au tombeau. Sa fille était à la Baſtille ; il ſavait ce qu'elle avait à craindre, on pouvait éviter le ſcandale ; mais ayant perdu toutes les forces de l'eſprit & du corps, des perſonnes mal intentionnées profiterent de ſon affaibliſſement, pour lui arracher une lettre contraire à celle qu'il avait écrite à M. de Richelieu ; on ſe ſervit de ce titre odieux, pour s'oppoſer à tous les arrangemens qui auraient pu ſauver encore l'honneur de Madame de Saint-Vincent; elle se trouve soutenue au moment où elle devait être le plus abandonnée, & ce succès inespéré, redouble son audace.

Vedel, qui était demeuré libre, s'occupait avec l'Abbé de Villeneuve à consulter des Ecrivains, pour savoir jusqu'à quel point on pourrait soutenir le faux; mais les informations les chargent l'un & l'autre, & les précipitent dans les fers.

Transportons-nous dans les prisons qui renferment Madame de Saint-Vincent, Vedel & leurs complices; voyons comment ils y soutiendront les regards de la Justice.

Dans ces momens difficiles, Madame de Saint-Vincent gémit sous le poids de son crime, elle en est accablée; elle aurait besoin de la présence de ses protecteurs, pour se rassurer dans ses interrogatoires; elle tâche d'abord de rappeller ses forces, pour débiter sans interruption le roman qu'elle a préparé. Elle croit, par l'affectation, par l'abondance de ce récit volontaire, détourner le courroux de la Justice, égarer ses recherches; mais lorsqu'elle se voit pressée par des interrogats, qui n'entraient pas dans son plan, elle se décele par des contradictions, par des variations sans nombre. Sommée de s'expliquer sur les papiers trouvés chez la femme Leroi, qui contiennent les preuves des faits les plus graves, sur le concert qui régnait entr'elle & le sieur Vedel; elle répond : *qu'elle est comptable, à Dieu seul, d'avoir donné son cœur à un autre qu'à lui.* Interrogée sur d'autres faits plus embarrassans encore, tout ce qu'elle n'a point prévu, n'a point, selon elle, de rapport aux billets; elle ne veut point y répondre; elle dit *qu'elle va mourir, qu'elle veut se confesser demain,* qu'elle répondra lundi; & lundi elle ne

répond pas d'avantage ; elle feint d'être malade, elle fe
trouve mal (1).

Les Écrivains de Madame de Saint - Vincent s'étendent
beaucoup fur les interrogats auxquels elle n'a pu ni voulu
répondre ; on croit qu'ils vont la tirer d'embarras & répondre à fa place, mais ils fe bornent à alléguer que le Lieutenant Criminel devait refpecter les lettres de Madame
de Saint-Vincent à Vedel, qu'il ne devait point faire ufage
d'une lettre qu'elle avait écrite à Benavent en prifon, pour fe
concerter avec ce complice ; & pour le prouver, ils citent les
anciens & les modernes ; ils montrent la profondeur de leur
érudition. Les payens, difent-ils (2), étoient plus honnêtes &
plus juftes ; loin d'abufer des lettres de leurs ennemis, de les
enlever par force, ils les leur renvoyaient généreufement quand
elles tombaient entre leurs mains. « Les Athéniens ayant arrêté
» les couriers de Philippe, qui leur faifait la guerre, lui ren-
» voyerent les lettres que fa femme Olimpias lui écrivait toutes
» clofes & cachetées, comme elles étaient quand ils les prirent ».

---

(1) Dans le cours de cet interrogatoire, on lui a demandé fi plufieurs fois
s'étant préfentée chez M. le Maréchal, la porte ne lui a pas été refufée ; elle
répond qu'on *fait bien que M. de Richelieu eft inconftant pour les Dames* ;
& dans le moment même qu'elle attribue à l'inconftance un fait qui marque
le mépris, elle fait un conte qui annonce M. de Richelieu comme le héros
d'une paffion fans égale & d'une conftance exemplaire ; elle en eft adorée,
à Milhaud, à Tarbes, fans qu'il l'eut jamais vue ; cet amour augmente à
Poitiers, où il la voit, & engendre à Paris pour plus de treize cents
mille livres de mandats & de billets, fur le fort defquels il s'en rapporte
à la difcrétion de Madame de Saint-Vincent, qu'il fait être une folle, une
étourdie, pour ne rien dire de plus.

(2) Page 102 de leur Requête en nullité.

Rien n'eft affurément plus admirable que cette générofité des Athéniens, mais il faut diftinguer les lieux, les tems, les perfonnes & les chofes.

Les Athéniens renvoyerent à Philippe les lettres d'Olimpias, qui ne parlaient que de fa tendreffe; ils ne lui renvoyerent point celles de fes Miniftres qui parlaient de la guerre, & c'était au contraire pour avoir ces lettres qu'ils avaient arrêté les couriers.

Deux puiffances qui font en guerre, traitent d'égal à égal & chacune doit ufer de générofité fi elle veut éprouver celle de fon ennemie; mais la Juftice ne traite pas d'égal à égal avec les coupables qu'elle veut punir; elle doit s'affurer de tous les moyens de les convaincre.

Au tems de la gloire d'Athènes, on n'y voyait point courir de faux billets au porteur, & le caractere de Vedel, celui de Benavent, font oubliés dans ceux de Théophrafte.

Il n'y a que Madame de Saint-Vincent, qui puiffe comparer Vedel à Philippe; c'eft pour elle un héros, mais pour le Public, c'eft peu de chofe, & pour les honnêtes gens, un homme qu'ils ne peuvent avouer. Quant à la Reine Olimpias, il ne faut pas la faire defcendre à côté de Madame de Saint-Vincent, c'était à fon mari qu'elle écrivait; elle n'avait point complotté de faux avec un Centurion, qui lui vendait fa complaifance; fes lettres ne contenaient aucun indice d'un crime pareil; elle n'avait point fait le projet de voler, fur de faux billets, l'argent des Athéniens, pour aller *fe cacher dans un coin du monde* avec l'objet de fa paffion, comme Madame de Saint-Vincent voulait faire aux Parifiens, fur les faux billets de M. de Richelieu.

Lorfque quelqu'un eft accufé, les Juges n'ont droit de négliger rien de ce qui peut prouver fon crime ou fon innocence; & fi Madame de Saint-Vincent n'avait pas été coupable, fes lettres au fieur Vedel ferviraient à la juftifier.

Ce complice a voulu conferver une contenance plus affurée; il a même affiché l'arrogance, mais l'innocence eft modefte, & le ton avec lequel il a femblé plufieurs fois défier la Juftice, ne fert qu'à le rendre plus criminel; d'ailleurs, fes contradictions avec lui-même & avec Madame de Saint-Vincent, fes refus de répondre, fes allégations dénuées de preuves & même de vraifemblance, décèlent un cœur auffi peu tranquille. Interrogé fur le paquet cacheté des brouillons, qu'il préparait pour fervir à la contrefaction de Madame de Saint-Vincent, il a répondu *qu'il n'y connaiffait rien*; il a allégué qu'il avait prêté à Madame de Saint-Vincent, des fommes confidérables, & il n'a pu ni prouver l'exiftence de ce prêt, ni en fixer le montant & l'époque; il y a même des preuves par écrit, que jamais il ne lui a rien prêté, & que dès le commencement de leur liaifon il était entretenu par elle (1). Interrogé comment il favait que les billets négociés à Rubit étaient légitimement dûs à Madame de Saint-Vincent, il a répondu qu'il en était certain, parce qu'il avait porté lui-même à la Pofte, les lettres de Madame de Saint-Vincent, & qu'il en avait lui-même décacheté & lu les réponfes, & ces prétendues réponfes font fauffes, & des phrafes entieres

---

(1) 1°. Elle lui envoyait des provifions de ménage, *elle payait fon mois, fa chambre.* 2°. Dans toutes les lettres où elle lui parle d'argent, il y a des ratures; ce qui prouve qu'il rougiffait, & l'on ne rougit point fans caufe.

qui y font tranfcrites, fe font trouvées découpées par fragmens dans fon paquet intitulé *brouillons*; c'en devrait être
affez pour reconnaître & convaincre les auteurs du faux; mais
on refifte à l'évidence, & Madame de Saint-Vincent foutient toujours qu'elle n'a pas fait les faux billets ni même les
fauffes lettres : Vedel foutient qu'il n'en eft pas complice;
Benavent dit qu'il a toujours cru les billets vrais, mais que
s'ils font faux, il ne croit pas que Madame de Saint-Vincent
les ait fabriqués (1). L'Abbé de Villeneuve dit que cela n'eft
pas poffible, & que l'on fait éprouver à fa tante & à lui-
même, une perfécution inouie; Rubit croit bien que les
billets font faux, & que Madame de Saint-Vincent les a
faits ou fait faire, & cependant le murmure s'éleve, les clameurs frappent les nues & M. de Richelieu, trompé, volé,
attrifté par le fcandale de cette affaire, eft encore l'objet de
ces clameurs que va bientôt faire ceffer la Juftice.

----

(1) Benavent doit avoir plus que des foupçons de la fauffeté des billets,
& ne peut guere douter que cette fauffeté vient de Madame de Saint-
Vincent, puifque dans fon interrogatoire il a déclaré qu'elle lui avait montré une lettre de M. de Richelieu, par laquelle il promettait de figner
quatre nouveaux billets de vingt mille livres chacun, & que Madame de
Saint-Vincent, à la confrontation, à nié l'exiftence de cette lettre; or,
on n'eft jamais plus fûr que de ce que l'on a vu, & Madame de Saint-
Vincent lui ayant montré cette fauffe lettre, il peut conclure qu'elle a bien
pu faire les faux billets & d'autres fauffes lettres; mais fa complicité, l'in-
timité de fes liaifons avec les Fauffaires, le rendent trop intéreffé à dimi-
nuer leur crime, pour qu'il puiffe rien déclarer de ce dont il eft inté-
rieurement convaincu : l'aveu de la fauffe lettre eft une faute de s'en-
tendre qu'il paraît regretter, mais elle eft précieufe puifqu'elle fert à faire
éclater la vérité.

La récrimination des Fauſſaires contre le Dénonciateur, ne peut pas étre admiſe.

Les billets ſont faux, il n'eſt plus poſſible d'en douter, les Experts le conſtatent unaniment dans leurs rapports; les ſieurs d'Autrep, Harger & Vallin, conſultés par Vedel & l'Abbé Villeneuve, avant qu'ils fuſſent décrétés, ont déclaré, dans leur rapport, que les billets & les pieces ſur leſquelles on les conſultait, étaient faux, ainſi que la piece de comparaiſon cotée 14, & qu'à l'époque où ils ont été conſultés, *on voyait encore la trace du crayon qui avait eſquiſſé la ſignature avant de la mettre à l'encre.*

Vedel & l'Abbé de Villeneuve, ont tenu ce rapport ſecret, mais les Experts ont parlé; ils ont rendu compte de leur opération à pluſieurs perſonnes, & ont témoigné leur ſurpriſe de ce que cette affaire pouvait donner quelque peine à juger. D'Autrep & Vallin, appellés en témoignage,. ont prétendu qu'ayant été conſultés, ils ne pouvaient pas dire quel avait été leur avis; mais le ſieur Harger ne s'eſt pas cru obligé au ſilence, & a dépoſé la copie du rapport que lui & ſes confreres avaient dreſſé. L'Abbé de Villeneuve a reconnu cet Expert, & eſt convenu des faits à la confrontation; mais Vedel n'a point voulu le reconnaître & a toujours nié, croyant que l'Abbé de Villeneuve n'avait point avoué. Cependant Madame de Saint-Vinçent & Vedel, avaient ſoutenu juſqu'alors, que les billets étaient vrais; ils avaient repréſenté tous les Experts comme des hommes ignorans, odieux, vendus au puiſſant contre le faible opprimé; ils avaient annoncé que Vedel avait confondu ces Experts

à

A
SON ALTESSE SERENISSIME
MONSEIGNEUR LE DUC
REGNANT de WIRTEMBERG
& TECK PRINCE de MONTBEILIARD

Mon tres Gracieux Prince & Seigneur

Monſeigneur

Depuis que Vôtre Alteſſe Sereniſſime a pris la reſolution de bâtir à Louisbourg, il ſemble que les beaux Ars s'y ſoient raſſemblés en foule de toutes parts, pour y élever un palais qui eterniſât la memoire de Leur Auguſte Protecteur.

Il eſt vrai que dans les commencemens, le but qu'on ſe propoſât, ne tendit qu'a y faire une maiſon de campagne, ou V. A. S. put ſe delaſſer agreablement dans la belle ſaiſon, & y jouir des plaiſirs que la ſituation & les belles chaſſes des environs y fourniſſent abondamcnt.

Tous les deſſeins furent formés alors ſur cette idée : une magnifique maiſon de chaſſe s'éleva le marbre, la peinture, la ſculpture, enfin tous les ornemens qui ſervent ordinairement d'appanage à une brillante Architecture, tout cela n'y fut point epargné.

Mais ce batiment tout ſpacieux qu'il etoit, & conſiſtant en un corps de logis, & deux grandes ailes, auec deux pavillons ; ce batiment dis-je parut trop ſerré pour les nombreux corteges qui ſuivent ordinairement V. A. S. meme dans ſes parties de recreation. On y ajouta deux nouvelles ailes pour former une ſeconde cour, & deux autres grands pavillons vinrent encor orner les flancs de cet aſſemblages du palais. Un de ces pavillons fut deſtiné pour la chapelle, qui par la regularité & la richeſſe de ſes ornemens, peut paſſer aujourd'hui pour la plus ſuperbe qui ſoit en Allemagne.

Cette ſuitte de projects fut quaſi toujours executé ſous les yeux de V. A. S. mais l'etendu de tant de batimens ayant effacé l'idée de la maiſon de chaſſe, ne fit plus remarquer qu'un palais digne de la Reſidence d'un Souverain,

Monſeigneur

De Votre Alteſſe Sereniſſime

Reſſidens Louisbourg le   Decembre 1727.

Du depuis V. A. S. reſolut auſſy de faire ſon ſejour ordinaire à Louisbourg & d'y fixer ſa Reſidence : mais le corps du logis, qui auoit été bâti dans une autre veue, parut alors trop petit pour y loger amplement un Grand Prince, & contenir la nombreuſe Cour qui L'accompagne toujours. On forma d'abord le projet d'aggrandir & d'elargir en tous ſens ce premier corps de logis : mais pluſieurs inconveniens s'etant rencontrés dans ce deſſein, il fut reſolu il y a deux ans, de la laiſſer tel qu'il étoit, & d'en bâtir un nouveau qui eut toute la Grandeur & la magnificence qu'on deſiroit. Ce nouveau Palais doit être accompagné encor de pluſieurs autres batimens, qui uniront tellement toutes les parties du Chateau de Louisbourg, qu'il en reſultera un tout tres regulier dans ſon eſpece, autant que la ſuite des choſes l'a put permettre.

Les premieres planches que je prens la liberté d'offrir icy à V. A. S. ne contiennent que les deſſeins qui ont été executés pour la plupart dans les commencemens : ce qui doit ſuivre dans une ſeconde partie, fera paroitre auec beaucoup plus d'eclat encor, la Grandeur des idées de V. A. S. ou plutot la Grandeur de ſes actions, puis que ces nouveaux & magnifiques batimens aux quels on travaille actuellement, ſont deja avancés, que dans trois où quatre ans on les verra conduits à leur entiere perfection.

V. A. S. m'ayant fait la grace de m'en confier la direction, il n'eſt rien de plus juſte que de m'aquiter des devoirs qu'exige la plus reſpectueuſe & la plus ſoumiſe reconnoiſſance, en preſentant tres humblement à V. A. S. les premieres gravures, comme un tribut que je Lui dois, & en L'aſſurant de la plus profonde veneration & du reſpect infini auec lequel j'ai l'honneur d'être

Le tres humble & tres obeiſſant Serviteur

Lieutenant Colonel & Directeur des Batimens

D. F. Friſoni.

itres batimens, qui auront toutesfois ......

ı resultera un tout tres regulier dans son espece, autant que la suite des
letre.

planches que je prens la liberté d'offrir icy à V. A. S. ne contiennent
ont été executés pour la plupart dans les commencemens : ce qui doit
ide partie, fera paroitre auec beaucoup plus d'eclat encor, la Grandeur
ou plutot la Grandeur de ses actions, puis que ces nouveaux & magni-
quels on travaille actuellement, sont deja avancés, que dans trois où
ra conduits à leur entiere perfection.

nt fait la grace de m'en confier la direction, il n'est rien de plus juste
es devoirs qu'exige la plus respectueuse & la plus soumise reconnoissance,
mblement à V. A. S. les premieres gravures, comme un tribut que je
irant de la plus profonde veneration & du respect infini auec lequel j'ai

Le tres humble & tres obeissant Serviteur

Lieutenant Colonel & Directeur des Batimens

D. F. Frisoni.

Vüe et Perspective du Chateau de Louisbourg, accompagné du jardin de la Favorite, et de la Faysanderie du côté du Levant; etendu par Mr. Trioni.

Perspectiv und Prospect der Residenz Ludwigsburg S: Hochfürstl: Durchl: des Regierenden Herrn Herhogen zu Würtenberg etc. wie solche samt dem Fürstl: Lust-Garten, Favorit und Fasanen Garten gegen Morgen anzusehen: ordonieri von Donato Giosepe Friloni, Obrist Lieutenant u: Der Landbau Di:rectore, S: Hochfürstl: Durchl:

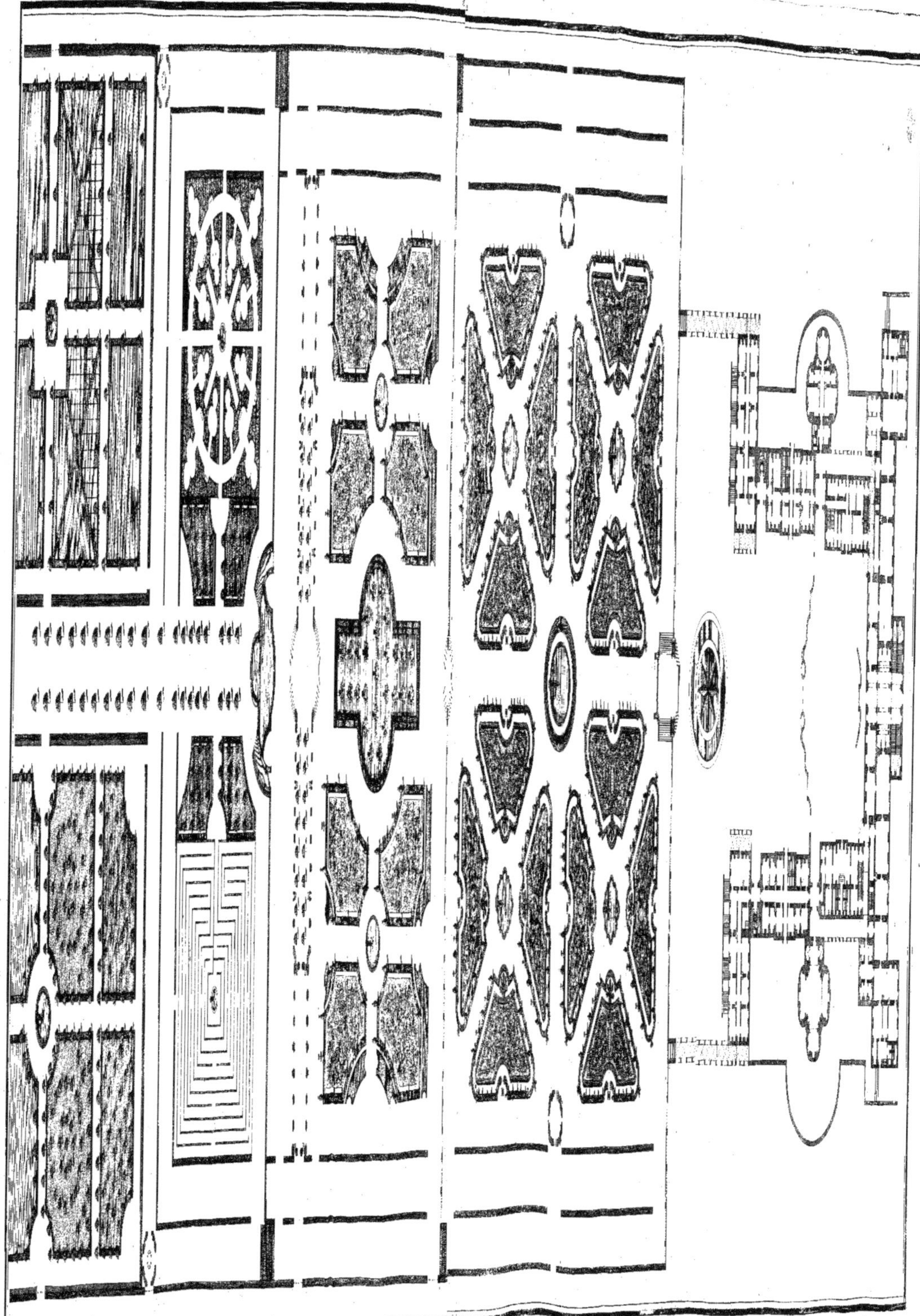

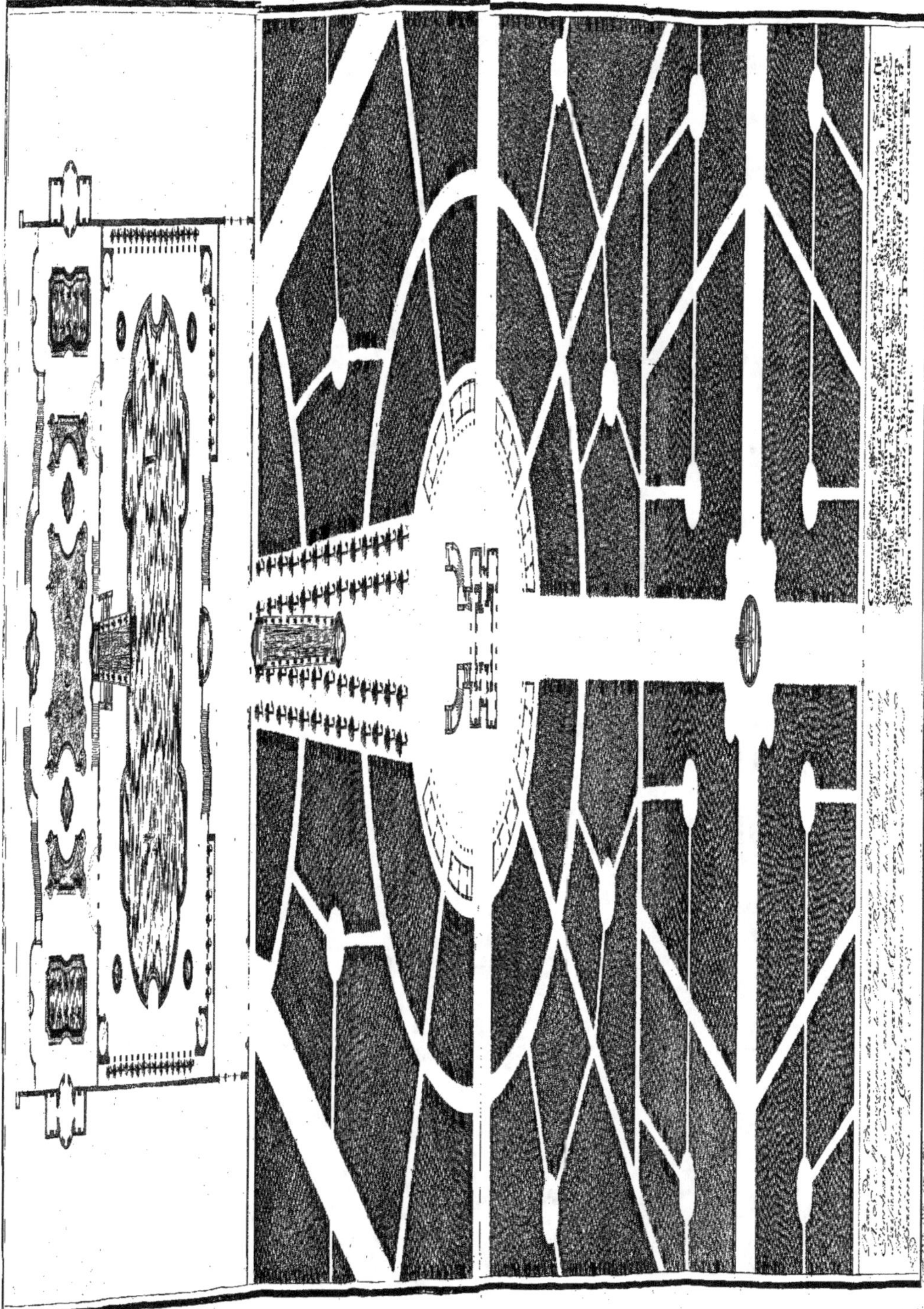

Perspective du Jardin, du Labirinte, du Verger et du potager, aussi bien que des Orangeries,
inventée par Mr. Frisoni.
Joh: Aug: Corvinus Sculp: Aug: V:
Perspectiv deß Obern Fürstl: Lust Irr-Baum- u: Kuchen Gartens, samt denen Orangerie Gebäuen, zu Ludwigsburg, von Sr: Hochfürstl:
Durchl: deß Regaurenden Herrn Herzogen zu Würtenberg, Major, Architect u: Ober-Land-Bau Direct. Frisoni inventirt.

Vûe et Perspective de l'Escalier de Pierre, qui conduit dans le Jardin
Ducale en lointainete L'Orangerie et l'Arc servant du comunica =
tion a la seconde plaine des Bocages.

Prospect und Perspectiv der steinernen Stiegen, wornuff man in den Herhogl. Garten gehet,
in der ferne die Orangerie und der Comunications Bogen, von dar zu der andern
Ebene deß Waldes

Prospect und Perspective der Residentz Landespfarr zu Schwartzenau Hochfürstl. Stifft, deß glorwürdigst Herrschenden von Hartenberg [...]

von Donato Giuseppe Prinovi Kayserl. Sten Direct. Archit. u. Oberst Lieut. [...]

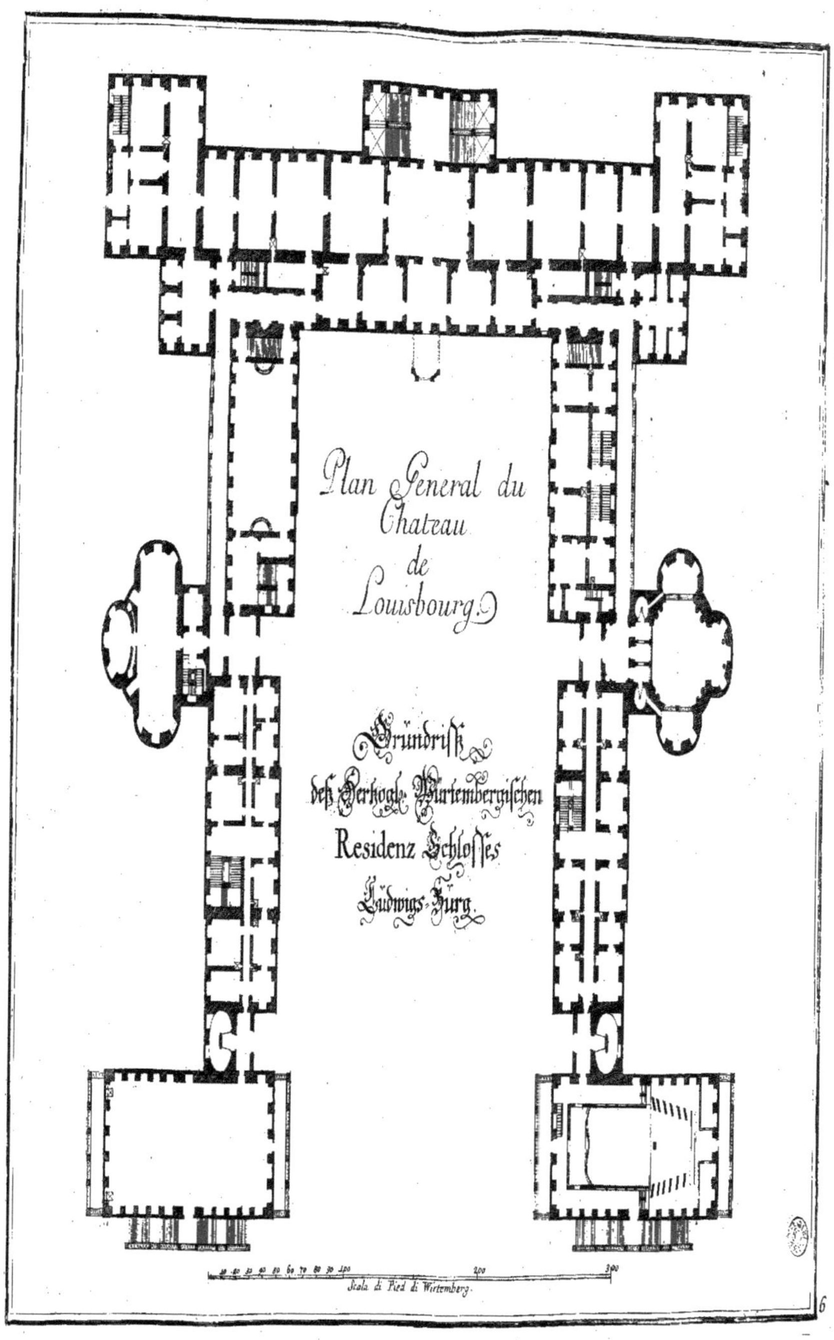

Plan General du
Chateau
de
Louisbourg

Grundriß
deß Hertzogl. Wurtembergischen
Residenz Schlosses
Ludwigs-Burg.

Scala di Pied di Wirtemberg.

Vûe de la Sale, avec la moitié du plafond, peint à fresq. de Monsieur
Lucas Aurelius Colomba peintre actuel de S. A. S.

Prospect deß Saals, und der halben Decke al fresco gemahlt, von Hrn. Lucas Aurelius
Colomba Sr. Hochfl.rßl. Durchl. würcklicher Hoff-Mahler.

Joan Bapt. J. C. del.   Iacob. Lic. Effig. revdit Aug. Vind.

Elevation du Balcon et du Portal du Corps de Logis,
de l'invention du Mr Frisoni.

Geometrischer Auffzug deß Balcon und Portals an dem Fürstlichen
Corps du Logis in Ludwigsburg, inventirt von Mr Frisoni.

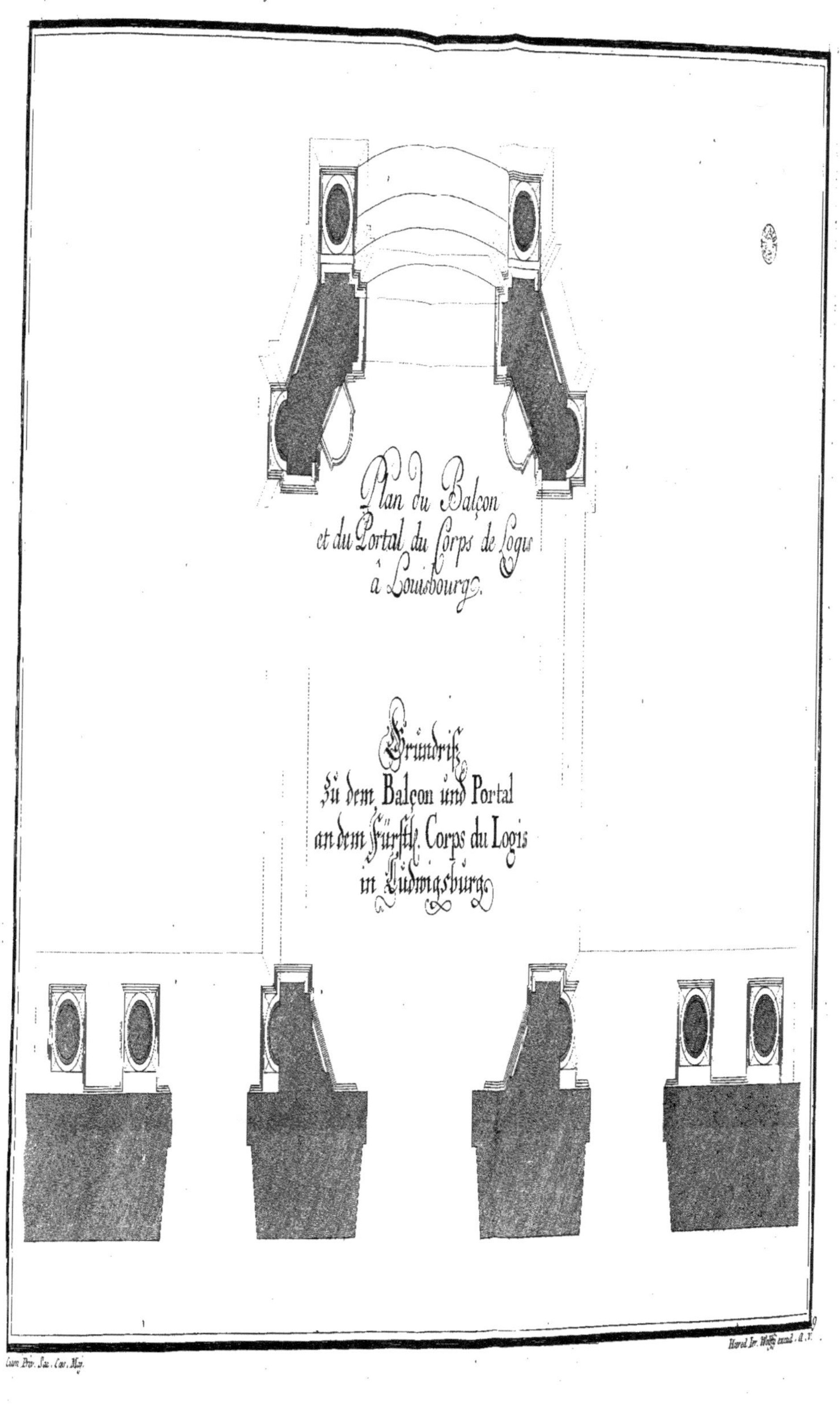

Plan du Balçon
et du Portal du Corps de Logis
à Louisbourg.

Grundriß
Zu dem Balçon und Portal
an dem Fürstl. Corps du Logis
in Ludwigsburg.

Cum Priv. Sac. Cæs. Maj.

Haered. Ier. Wolffii excud. A. V.

Profil de l'Escalier, et du Vestibule du Corps de Logis, inventé par Mr. Frisoni.
B. B.

Profil zur Stiegen und Vestibuli in der Fürstl. Corps du Logis zu Ludwigsburg, inventirt von Mr. Frisoni.

AA.

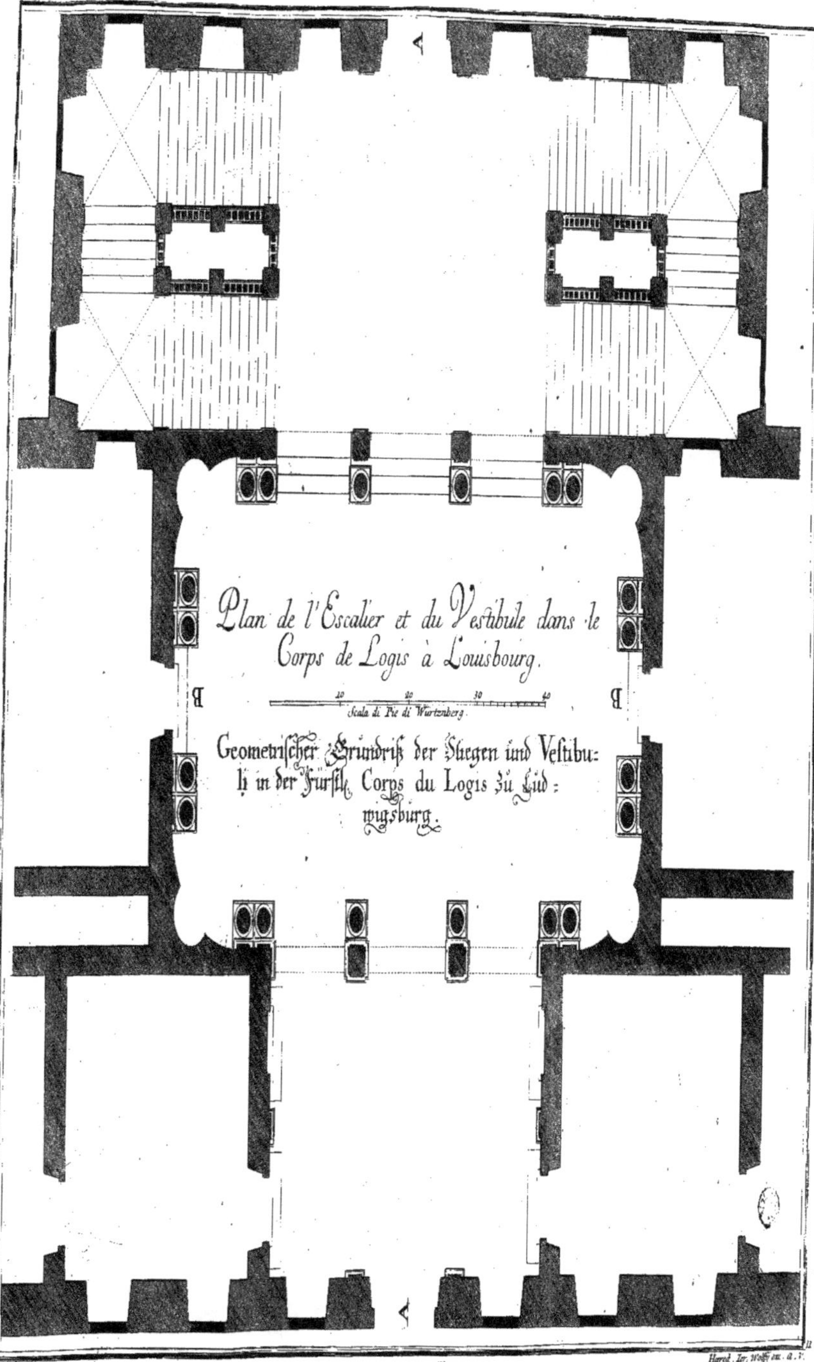

Plan de l'Escalier et du Vestibule dans le
Corps de Logis à Louisbourg.

Scala di Pie di Wurtenberg.

Geometrischer Grundriß der Stiegen und Vestibuli in der Fürstl. Corps du Logis zu Ludwigsburg.

A

B   B

A

Cum Priv. Sac. Cæs. Maj.

Harvod. Inv. Wolff inc. a. v.

Elevation des Fenestres du Corps de Logis, inventées par Mr. Frisoni.

Geometrischer Aufzug von Fenstern, wie solche an dem Hochfürstl. Residenz Schloß zu Ludwigsburg an deren Corps du Logis zusehen seynd.

Cum Priv. Sac. Cæs. Maj.

Hæred. Ier. Wolffii excudit Aug. Vind.

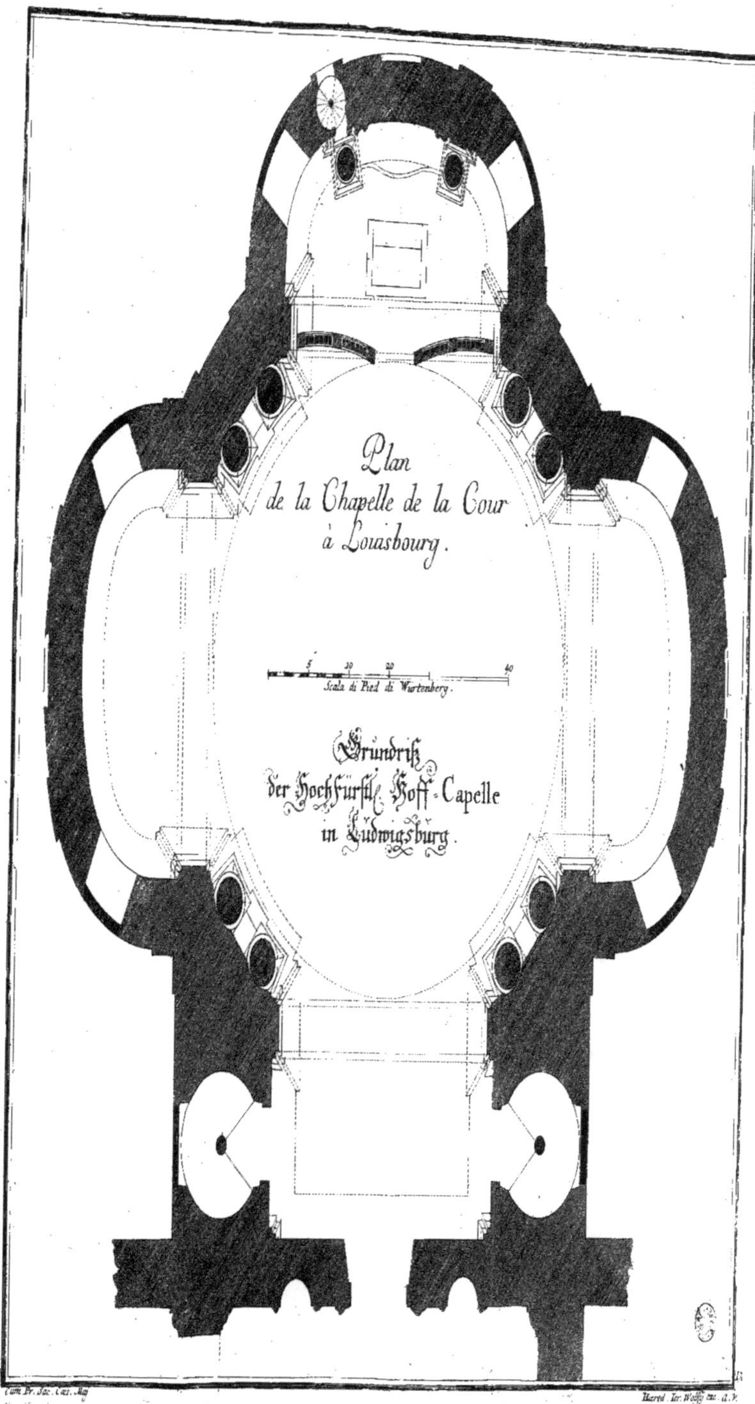

Plan
de la Chapelle de la Cour
à Louisbourg.

Scala di Pied di Wurtenberg.

Grundriß
der Hochfürstl. Hoff-Capelle
in Ludwigsburg.

Profil und Perspectiv der Hochfürstl. Schloß Capelle zu Sr. Hochfürstl. Durchl. des Regierenden Herrn Herzogs zu Würtemberg &c. Residenz Stadt Ludwigsburg.

Le Profil et Perspective de la Chapelle de S. A. S. Monseigneur le Duc Regnant de Wurtemberg à Ludwigsbourg

Der Altar dienet zugleich als Canzel, wie aus dem Grundriß zu sehen. Die Kuppel und Altar-Blat ist von dem berühmten Mahler Herrn Carlo Carloni. Die Neben Capellen oder Emper Kirchen von dem berühmten Mahler Herrn Lucca Antonio Colomba, Ihro Durchl. ... Mahler. Die figuren von glantzenden Alabaster Gips sind gemacht worden von Herrn Diego Carloni. Die übrigen ornamenta sind als selber sehr vergüldet.

D. G. Frideri Major et Archit. Seren. Duci Wirtemb.   Die Architectur aber von dem Autore gemacht.   Cum Privil. S. C. Maj.

L'Autel sert en meme tems de Chaire, comme se fait voir le Plan. Les Peintures du Dome et de l'Autel sont de l'excellent Peintre Carlo Carloni; Celles des Tribunes sont de M. Lucca Antonio Colomba, Peintre de S. A. S. Les figures de platre reluisant sont faites par M. Diego Carloni. Le reste des ornaments est doré et d'une grande magnificence. L'Architecture a été de l'Auteur.

Ioan. Wolff exc. Aug. Vind.   Ioh. Aug. Corvinus sculp.

Façade du Château du Côté de la Faisanderie, élevé et etendu avec une partie de la Ville neuve.
Perspectivische Facciata gegen dem Fasanen Garten, wie dermahlen selbigen Ihro Hochfürstl. Durchl. der Regierende Herr Herzog zu Würtemberg haben anlegen und erweitern lassen, sammt einem theil der neuen Statt.
D. G. Frisoni, Lieut. Col. et Directeur des Batiments de S. A. S. amplificabit et delineavit.

Vûe du Portail de la Faisanderie orné de Grille de fer doré, et de Statuës en loin-
taineté, la Cascade et la Favorite erigées de S. A. S. A: 1718. et achevées de
Monsieur Paul Retti, Architect de S. A. S.

Prospect des Portals des Fasanen Gartens mit eisern vergoldtem Gatter-Werck und Statuen in der ferne.
Die Cascade, u. Favorite ist von Ihro Hochfürstl. Durchl. A: 1718. angelegt, und von Hrn. Paul
Retti Hoff-Bau Meistern vollführet worden.

Veue et perspective du favoritte de Prince au Jardin de Louisbourg avec les apartemens et Officines apartenāt à la Cour du Prince.

Perspectivischer Aufzug der Fürstl. Favoriten im Falanen Garten zu Ludwigsburg samt den Officinen u. appartementen zu der Hoffstatt gehörig.

à la confrontation; mais la dépofition circonftanciée du fieur Harger, ayant déconcerté leur opiniâtreté, ils font convenus que les billets pouvaient être faux, & fe font renfermés à foutenir que s'ils étaient faux, ils étaient fortis faux de l'Hôtel de Richelieu. Ils ont été plus loin, ils ont dit que M. de Richelieu s'était fervi, pour figner ces billets, de deux griffes différentes, de deux griffes d'argent. M. de Richelieu à mis en fait, qu'à la tête de Armées, dans le gouvernement des Provinces, ni dans aucune des circonf-tances de fa vie, il ne s'était jamais fervi de griffe, & ils n'ont point offert la preuve du contraire; d'ailleurs, les Experts ont conftaté que les fignatures arguées de faux, n'avaient point été fignées à la griffe. Harger, d'Autrep & Vallin, ont vu la trace du crayon.

Si les billets font faux, difent-ils, ils font fortis faux de l'Hôtel de Richelieu : peut-on s'arrêter à cette récrimi-nation, qui doit fa naiffance à l'embarras des accufés ? S'il était poffible de douter un moment que Madame de Saint-Vincent & Vedel ont médité & accompli le faux, le foupçon de ce crime pourrait-il jamais être dirigé contre M. le Maréchal de Richelieu ?

D'abord l'Ordonnance de 1737, fur le crime de faux, veut que non-feulement les auteurs, mais les complices de ce crime, foyent pourfuivis & punis comme fauffaires; elle n'admet aucune diftinction entr'eux. En matiere de faux principal, les Accufés qui ont foutenu la vérité de pieces arguées de faux, ont encouru la punition de la loi, à l'inf-tant même où la fauffeté eft prouvée. Si Madame de Saint-Vincent ne vouloit pas fe foumettre à la rigueur de la loi,

C

ni courir les riſques de la vérification, s'ils ne vouſaient pas faire dépendre le ſort du Procès de cette vérification, pour-quoi ne l'ont-ils pas déclaré juridiquement, ſauf aux Juges à admettre ou rejetter cette déclaration? Pourquoi ont-ils fait le contraire, ont-ils fourni les reproches les plus inſen-ſés, les plus violens contre chacun des Experts? Pourquoi ont ils ſoutenu que le faux était impraticable de la maniere que les Experts l'ont indiqué?

Sur qui voudraient-ils faire tomber le ſoupçon du crime dont ils ont profité? Il ſerait au-deſſous de M. de Richelieu, de repouſſer l'injure qu'ils lui font, en diſant que les billets faux viennent de lui; ils ſont certainement ſeuls à lui faire cette injure. Jamais aucun citoyen ne peut avoir d'intérêt à contrefaire ſa propre ſignature; l'ordonnance du faux, n'a pas prévu que ce ſoupçon put s'élever contre lui, & cette ordonnance, auſſi étendue qu'il ſoit poſſible, ne l'admet dans aucun de ſes articles. Lorſqu'il exiſte un faux matériel, tout le monde peut en être ſoupçonné, hors celui ſeul dont la ſignature eſt contrefaite; envain voudrait-il déguiſer le caractere de ſon écriture, on la reconnaîtrait toujours à quelques traits; s'il la faiſait imiter ou calquer par un autre, il mettrait toute ſa fortune entre les mains du fauſ-faire dont il ſe ſerait ſervi. Quelles raiſons pourrait-il avoir de commettre ce crime ſingulier? Ne ſerait-ce pas s'expoſer gratuitement à la condamnation, au des-honneur, à la perte entiere de ſon bien? Dans les circonſ-tances du Procès, M. de Richelieu ne devait rien à Madame de Saint-Vincent, pourquoi ſe ſerait-il dépouillé pour elle de tout ce qui doit le rendre reſpectable? Cent mille écus, s'il

devait cette fomme, n'ébranleraient pas fes fentimens, &
il en donne pour preuve, l'état de fa fortune, & tous les
facrifices d'argent qu'il a faits à fa gloire; à plus forte raifon ne devant rien à Madame de Saint-Vincent, il n'a pu
concevoir le crime que la tolérance publique ne devrait pas
permettre aux accufés de rejetter fur lui. Où il n'y a point
d'intérêt, point de crime; cette maxime eft écrite dans le
cœur humain, elle ne peut varier.

Comment fuppofer qu'un Citoyen contre-faffe ou faffe
contre-faire fa fignature? s'il a de grands biens, ne les
mettra-t-il pas, par l'extravagance de ce crime, à la difcrétion
de tous les fauffaires? Il fera le feul dans la nation que
la Juftice ne pourra garantir de leurs traits. S'il ne poffède
que l'honneur & la vie, il aura livré fa tête au premier,
qui, lui attribuant de faux écrits, voudra l'accufer de
complot, de trahifon.... Mais qui a pu retenir Madame de
Saint-Vincent & fes complices? Capable de contre-faire, de
calquer à s'y méprendre des lettres entieres de M. de Richelieu, quelle raifon a pu l'empêcher d'accufer ce Seigneur
des plus grands forfaits, dont l'écriture puiffe attefter
l'exiftence? La feule raifon, qu'elle n'avait pas d'intérêt à
le faire, ce n'était que de l'argent qu'il fallait à Madame de
Saint-Vincent, pour l'aider à affouvir fes paffions; c'eft
pour de l'argent qu'elle a multiplié les faux.

Si dans l'inftruction du faux principal, après que le
faux eft prouvé, après que les Accufés ont maintenus pour
vrais les titres faux dont ils ont fait ufage, on les fuppo-
fait fuffifamment juftifiés, en difant qu'ils ne fe font fer-
vis de ces titres, que parce qu'ils les croyaient vrais, &
qu'ils leur ont été donnés faux par un autre coupable, qu'il

ferait peut-être impoſſible de trouver; ce crime ſi dangereux ne ferait jamais puni; il n'y aurait point de fauſſaire
qui ne put eſpérer d'échapper aux vengeances de la Juſtice.

L'Ordonnance de 1737, au titre du faux incident, art.
II, a prévu ce ſubterfuge des fauſſaires, & pour le pré-
venir, elle a voulu que dans le délai de trois jours, le
défendeur déclare préciſément s'il entend ſe ſervir de la
piece maintenue fauſſe; d'après cette déclaration quel que
ſoit l'auteur du faux, s'il eſt avéré, celui qui en a voulu
profiter eſt condamné avec toute la rigueur que mérite ce
crime, & comme ſi lui-même avait fabriqué la piece
fauſſe.

Cette Ordonnance, dans le titre du faux principal, n'a
pas exigé que celui qui eſt accuſé d'avoir répandu de faux
billets, de fauſſes ſignatures, déclare s'il entend ſoutenir
la vérité de ces ſignatures, & en faire dépendre ſa conviction, parce que cette déclaration réſulte de l'uſage
même qu'il a fait des fauſſes ſignatures, ou des faux
billets.

Il eſt vrai que Madame de Saint-Vincent, a déclaré
dès le commencement de la procédure, renoncer à la valeur des faux billets de M. de Richelieu; mais cette déclaration ne la rend pas moins coupable, puiſqu'elle en
avait déja vendu pour cent quarante mille livres, dont elle
avait reçu ſoixante-dix mille livres effectifs, & avait diſſipé
cette ſomme : puiſqu'à l'inſtant où elle offrait de retirer les
billets négociés, elle était dans l'impoſſibilité d'accomplir
cette offre, & faiſoit tenter encore de nouvelles négociations. Lui ſuffit-il de dire à préſent, ce n'eſt pas moi qui
ai fait les fauſſes ſignatures de ces billets, je ne fais pas

qui les a faites, mais elles fortent de l'Hôtel de Richelieu? Écartons l'idée de cette récrimination, reprouvée par la loi, & qu'aucune confidération ne peut faire admettre.

Madame de Saint-Vincent foutenant, depuis que les billets ont été reconnus faux, que ce faux a été commis par d'autres que par elle, n'eft-elle pas obligée de prouver fon exception?

Si contre toute efpece de raifon, l'exception de Madame de Saint-Vincent que les billets font fortis faux de l'Hôtel de Richelieu, paraiffait admiffible, elle ferait tenue de la prouver.

L'Accufateur doit à la Juftice la preuve du crime dont il fe plaint; mais fi dans le cours de l'inftruction, l'Accufé propofe quelque fait juftificatif, quelqu'exception à fa décharge, c'eft à lui d'en faire preuve; & s'il ne le fait pas, les Juges doivent le condamner, comme fi le fait n'eut point été propofé. Madame de Saint-Vincent allégue qu'elle a reçu de bonne-foi les lettres & les billets dont la fauffeté eft prouvée; c'eft un fait juftificatif dont elle doit la preuve, & ne l'ayant point fournie, elle doit être condamnée comme fauffaire. Envain des Ecrivains obfcurs, & qui ne font avoués, ni du Barreau, ni de la littérature, diront dans fes Mémoires *qu'elle n'a rien à prouver.* La Juftice a parlé : le Code civil exige que nul ne puiffe propofer une exception fans preuve : le code criminel, veut que les faits juftificatifs foient évidemment prouvés; le moindre doute les fait rejetter.

Quel frein refterait-il aux coupables, fi Madame de Saint-Vincent était affez juftifiée, en faifant dire par les Ecrivains licencieux dont elle emprunte les plumes mercenaires, que les lettres, que les billets font fortis faux de l'Hôtel de Richelieu? C'eft d'elle & de fes complices, que font émanés les corps de ces billets, les fommes & les dates; c'eft à elle à prouver comment ils ont été fignés; elle doit cette preuve au Public; elle s'y eft foumife à l'inftant même, où elle a offert ces billets à la négocia-tion. Envain fes Ecrivains, fes Partifans fement la ca-lomnie; envain ils ofent attaquer à la honte des Tribu-naux tout ce que l'on doit aux rangs, à l'honnêteté, à la juftice, aux mœurs; leurs déclamations ne juftifieront point Madame de Saint-Vincent.

Loin qu'elle puiffe prouver que les billets lui font revenus de l'Hôtel de Richelieu, il exifte des preuves du contraire; elle allé-gue que les corps de billets qu'elle avait fait écrire par des mains étrangeres, ont été portés à l'Hôtel de Richelieu par fa femme de chambre, & le feul témoignge qu'elle invoque fur ce fait, eft le témoignage impuiffant de Vedel, qui foutient avoir accompagné la femme de chambre; les billets ont été fignés & renvoyés, felon elle, le lendemain 13 Novembre, & à cette époque, M. de Richelieu n'était point à Paris, il était à Fontainebleau; elle-même a produit la copie d'une prétendue lettre de M. de Richelieu, datée de Fontainebleau, le 13 Novembre. Embarraffée par la repréfentation de cette copie, elle a varié fur les dates, & a prétendu que c'était le 14 que les billets lui avaient été renvoyés; mais elle n'a pas été plus heureufe, car M. de Richelieu n'a paffé dans toute cette journée, que deux heures à Paris; il n'y eft arrivé que dans l'après-midi, & c'eft le matin qu'elle prétend que les billets lui ont été apportés; celui qui les lui a remis, eft, dit-elle, un Laquais de M. de Richelieu, nommé Saint-

Jean, qui avait un habit rouge, galonné d'argent, &
le Laquais de M. de Richelieu, nommé Saint-Jean, étant
appellé, on ne peut plus foutenir qu'il ait apporté les billets ;
& à la date du 13 ou 14 Novembre, les Domeftiques de M. de
Richelieu, n'avaient point d'habits galonnés d'argent, ils
avaient repris le galon de livrée.

Loin de prouver qu'elle ait reçu de M. de Richelieu les
lettres arguées de faux, on a trouvé dans les papiers de
Vedel, les fragmens des vraies lettres qui ont fervi à les calquer, & dont les phrafes font tranfpofées en entier dans les
fauffes lettres ; on a trouvé des brouillons de ces fauffes lettres
entierement écrits de la main de ce complice. Enfin, Benavent à déclaré que Madame de Saint-Vincent lui a montré
une lettre de M. de Richelieu, dans laquelle il promettait
de figner quatre nouveaux billets ; cette fauffe lettre a dif-
paru, & Madame de Saint-Vincent en a nié l'exiftence à
la confrontation ; il y a bien loin de-là aux preuves que
Madame de Saint-Vincent doit donner, que les billets font
fortis faux de l'Hôtel de Richelieu, & dans l'impoffibilité où
elle eft d'adminiftrer ces preuves néceffaires à fa juftification, elle doit être condamnée comme fauffaire.

*Madame de Saint-Vincent eft coupable des faux dont elle eft
accufée ; elle a fabriqué, de concert avec Vedel, les fauffes
lettres & les faux billets.*

Si, malgré tout ce que nous venons de dire, il était poffible
d'agiter un moment la queftion de favoir fi les billets argués
de faux ne font pas fortis de l'Hôtel de Richelieu, ne faudrait-il
pas s'arréter à l'examen des perfonnes ? & quels contraftes
cet examen n'offrirait-il pas ?

Les Romains voulaient que dans le jugement des crimes, les Juges s'appliquaffent à la différence des perfonnes, à leurs actions précédentes ; on fe rappelle cette juftification d'un héros, *allons au Capitole y rendre graces aux Dieux de la victoire qu'à pareil jour j'ai remportée fur vos ennemis*. A pareil jour Madame de Saint-Vincent a fait des lettres fauffes, elle a vendu un crédit qu'elle n'avait pas, elle a trompé la crédulité des Marchands ; voilà les actions, voilà les triomphes que préfente fon hiftoire. La différence dans les occupations, dans les emplois de la vie, caufe celle que l'on remarque dans la maniere de penfer & d'agir, & cette réflexion nous entraîne à la découverte du crime.

Lorfqu'une femme renfermée dans un Couvent reçoit des lettres d'un homme puiffant, tout le Couvent retentit de la faveur dont elle jouit ; elle relit cent fois les caracteres précieux de ces lettres ; l'empreinte en eft gravée dans fon imagination ; elle gémit en comparant la pofition de celui qui lui écrit à l'efpece d'efclavage où elle eft réduite ; il écrit, dit-elle, & fe fait obéir ; fi j'avais fon talifman, je partagerais fon pouvoir : ces dangereufes idées, qui fe diffiperaient dans le monde, ne l'abandonnent point au Couvent ; elle effaye, elle imite par défœuvrement, par curiofité, peut-être fans deffein, fans objet, l'écriture de fon protecteur ; bientôt le defir de réuffir lui fait croire qu'elle a réuffi ; elle ne veut pas perdre le fruit de fon travail ; mais elle ne cherche d'abord qu'à en impofer à fes confidens ; il ne s'agit que d'obtenir un peu plus de crédit, de confidération parmi ceux avec qui l'on paffe les journées ; mais bientôt l'intempérance des paffions, amene les befoins ; on veut fe faire un revenu de cette confidération ufurpée ; on ofe promettre des graces & vendre de fauffes efpérances ;

efpérances; fi dans les premieres impoftures on eft découvert, on efpere réparer dans la fuite ce défaut d'habilité; la main fe forme & l'habitude s'acquiert; on envoye enfin de fauffes écritures à des Marchands, & de cette impofture à la fabri- cation de faux billets, il ne refte qu'un pas à faire (1).

Telles font les gradations par lefquelles Madame de Saint-Vincent eft parvenue à l'excès du crime; des preuves éviden- tes s'élevent journellement contr'elle, jufqu'au moment des faux billets de M. de Richelieu, & fi elle ne les avait pas faits, ce ferait le feul inftant de fa vie où elle aurait ceffé de commettre des faux. Faifons rapidement l'énumération de ces faux, qui fuffiraient à remplir un gros livre.

Le bruit courait à Milhaud, qu'elle ne recevait pas toutes les lettres de M. de Richelieu, qu'elle montrait à tout le monde, qu'elle les compofait; voilà ce que difait le bruit public; voici maintenant des preuves.

Elle s'occupe à calquer des écritures à la vitre, & eft furprife dans ce travail par la Demoifelle de Saint-Victor, penfionnaire, & par la Dame Rey, Marchande de Modes; elle donne au Comte de Maillan, une lettre où M. de Richelieu promettait de faire avoir à ce Gentilhomme, le brevet de Colonel, cette lettre exifte & eft reconnue fauffe; pour donner plus de vraifemblance aux

------

(1) Ce dernier pas eft à la vérité *terrible*, & Madame de Saint-Vincent le fentait & l'écrivait au fieur Vedel, malgré l'égarement ou fa paffion l'avait plongée; nous aurions fçu comment il l'a aidée à faire ce *pas terrible*, fi elle n'avait eu la prévoyance d'anéantir toutes les lettres de Vedel; fi dans la lettre où elle témoigne être effrayée du *pas terrible que Vedel lui fait faire*, elle n'avait pas voulu parler des faux billets, dont la fabri- cation l'épouvantait, pourquoi n'aurait-elle pas laiffé fubfifter la réponfe de Vedel?

D

lettres qu'elle compofait, elle fait faire un faux cachet par le fieur Alleric, Orfevre, & fe fert de l'entremife d'un moine, pour engager cet Orfevre à faire cet ouvrage dangereux & le raffurer fur les fuites; elle envoye au fieur Favre, Marchand, de faux billets de différentes Penfionnaires & Religieufes, pour lui extorquer des marchandifes; elle fe procure un emprunt de cent piftoles, par le moyen du fieur Antoine, Médecin, qui voulait avoir une place dans un Hopital Militaire, & lui montre enfuite une fauffe lettre de M. de Richelieu, qui lui promet cette place; elle fabrique plufieurs fauffes refcriptions : le fieur Durre en a vu une de dix-huit mille livres; le fieur des Angles & la Demoifelle de Saint-Victor, en ont vu une de trente mille livres; le fieur Gaujal lui a fait compliment fur ces refcriptions, qu'elle annonçait comme des préfens de M. de Richelieu; elle promet au fieur de Montal, de lui procurer un mariage avantageux, & le trompe en lui montrant de fauffes lettres qu'elle écrivait comme venant de Provence; plufieurs témoins l'ont vue, à Poitiers, s'amufer à contre-tirer des écritures; elle fabrique une fauffe correfpondance entr'elle & le fieur Peixotto; elle écrit au fieur Nerbonneau une fauffe lettre de la Prieure, pour lui attraper des marchandifes; elle fait faire par Canron, une fauffe acceptation du nom mal écrit *Pefchot*, fur un faux mandat de M. de Richelieu; elle fait un fecond mandat de cent mille écus, avec la fauffe acceptation mieux imitée du fieur Peixotto, & le livre à la négociation; Me Lafitte, fon Procureur, montre à Compiegne & à Paris, une fauffe lettre de M. de Richelieu, où il était queftion d'un enfant & de fon éducation; elle avait fabriqué une autre lettre relative à l'éducation de cet enfant; elle montre à

Benavent une autre lettre fauſſe au ſujet des quatre-vingt
mille livres de billets qu'elle ſuppoſait que M. de Richelieu
promettait encore de ſigner; elle ſupprime enſuite cette lettre,
& avoue que M. de Richelieu ne lui a point écrit à ce ſujet;
qu'il ne lui a jamais promis ces quatre billets, & que quoi-
qu'elle écrivît à Benavent qu'elle les ferait ſigner, elle n'en
avait pas eu le deſſein.

D'après toutes ces preuves, d'après les fragmens découpés des vraies lettres de M. de Richelieu, & les *brouillons* de
Vedel, trouvés chez la femme Leroi; d'après les phraſes
aſſez claires des lettres de Madame de Saint-Vincent à Vedel,
& la ſuppreſſion totale des réponſes de ce complice, qui
oſerait dire que M. de Richelieu n'a pas prouvé ſon accuſa-
tion, que ce n'eſt pas Madame de Saint-Vincent qui a fait les
faux billets, & que la queſtion ſubſidiaire, *qui a commis le
faux*, n'eſt pas parfaitement réſolue? Peut-on méconnaître la
la coupable dans celle qui, en d'autres circonſtances, à trente
fois contrefait la ſignature de M. de Richelieu & celle de
pluſieurs particuliers? la raiſon permet-elle de chercher d'autres fauſſaires?

Au ſurplus, comme il ne s'agit point dans cette affaire de
la valeur des billets, mais de l'honneur des Accuſés, tout
eſt jugé par les preuves que l'on a de leurs crimes; il ſuffit
qu'ils aient été fauſſaires une fois, pour qu'il ne reſte plus
rien à deſirer pour leur conviction.

Madame de Saint-Vincent & le ſieur Vedel, ne peuvent
plus réſiſter à ces preuves; leur défenſe même, fait voir
qu'ils en ſont accablés; la Demoiſelle de Saint-Victor, la
Dame Rey, ſont, diſent-ils, des témoins ſubornés; Madame
de Saint-Vincent ne nie pas le trait du ſieur Antoine, mais

elle trouve qu'il n'y a rien de si singulier que *sa vieille colere.* Madame de Maillan est subornée, mais Madame de Saint-Vincent ne s'est pas soumise à la vérification de la fausse lettre que cette Dame a déposée. Mme de Saint-Vincent oppose au témoignage du sieur Favre, toute la confiance que l'on doit à sa dénégation ; elle repousse avec les mêmes armes, les témoignages sieurs Des Angles, Durre, Gaujal & celui de la Demoiselle de Saint - Victor, sur les fausses rescriptions qu'elle avait fabriquées à Milhaud (1), & qu'elle a ensuite supprimées ; le sieur de Combette est suborné ; les fausses lettres de Marseille, montrées au sieur de Montal, n'étaient qu'une *plaisanterie* ; la fausse correspondance de Peixotto, un mensonge pour attraper Vedel, & *un mensonge n'est pas un faux* ; le sieur Nerbonneau est suborné, il a reçu cent louis, cependant à la confrontation, on le reconnaît pour un fort honnête homme. A l'égard des fausses acceptations, *Peschot* & *Peixotto*, c'était pour empêcher de négocier les mandats ; c'était un barbouillage qui ne signifiait rien ; elle ne peut dire qui a fait ce *barbouillage, il y avait là beaucoup de monde* ; elle n'a point donné ordre à Me Lafite, de montrer la fausse lettre de M. de Richelieu, qui parlait d'un enfant ; elle est muette sur les autres faits. A l'égard de l'indiscrétion de Benavent, qui a décélé une fausse lettre de M. de Richelieu, au sujet des quatre derniers billets que Madame de Saint-Vincent voulait encore créer,

-----

(1) C'est sans doute, à ces rescriptions, qu'elle faisait allusion dans sa lettre à Vedel, où elle lui disait, en lui parlant de l'argent dont elle amusait ses espérances : « j'aurai fait le tour du monde pour l'attraper ; *Milhaud, d'a-* » *bord, où j'ai pensé l'avoir,* Tarbes, Poitiers, &c.

elle confeſſe que cette indiſcrétion à gâté ſon Procès : ſans vos lettres & celle de Vedel, lui écrit-elle, mon Procès ſerait admirable. Mais il n'y a pas moyen de me défendre de toutes les conſéquences que l'on tire de ces malheureuſes lettres.... Si on vous demande, &c., il faut dire, &c.; ſi on vous demande, &c. dites, &c. &c. Mais malheureuſement pour elle, ce complice s'eſt obſtiné à ſoutenir à la confrontation, l'exiſtence de la lettre qu'elle avait le plus grand intérêt à nier.

Vous qui devez prononcer ſur ce Procès, Juges dont l'Europe invoque les oracles ! pourriez-vous, dans ces circonſtances, méconnaître les coupables & ne pas condamner Madame de Saint-Vincent.

EN ANGLETERRE, où les grandes entrepriſes de commerce obligent de ſévir avec une extrême rigueur, contre le crime de faux, les Juges s'appliquent bien plus à punir ceux qui ont voulu tirer avantage des faux, qu'à en rechercher les auteurs trop ſouvent difficiles à découvrir. Deux freres, domiciliés de la ville de Londres, ont été pendus pour avoir ſeulement voulu négocier des billets revêtus d'une ſignature, dont la fauſſeté paraiſſait leur avoir été connue ; les complices de Madame de Saint-Vincent, ne feront pas ſatisfaits du récit que nous allons faire ; mais on peut en tirer des lumieres & de l'utilité.

L'affaire ſemble faite exprès, pour ſervir de comparaiſon dans celle-ci. Nous en tranſcrirons le précis tel qu'il a été imprimée à Londres, dans les papiers publics, des mois de Décembre 1775 & Janvier 1776, & d'après l'annonce qui en a été faite dans le Journal hiſtorique & politique de Genéve, du 20 Février 1776, nº. 5.

On prenait en Angleterre, un intérêt d'autant plus vif à la condamnation des coupables, que dans ce Royaume, le crime de faux attaque la conſtitution de l'état, dont la puiſſance eſt fondée ſur le crédit public; ce crime eſt puni de mort, & les loix s'arment de la plus grande ſévérité contre tous ceux qui y participent, même indirectement.

Daniel Perreau faiſait le commerce à Londres; ſon frere, Robert Perreau, était un Apothicaire fort accrédité; tous deux avaient fait connaiſſance avec la femme d'un Lieutenant à demi-paye, nommé Rudd : cette femme avait été précédemment entretenue par un Juif, lorſque Daniel Perreau commença ſa liaiſon avec elle; elle avait beaucoup d'argent comptant, mais ayant fait bourſe commune avec Daniel (1), tout fut bientôt diſſipé ou perdu dans l'agiotage dont cet homme ſe mêlait. Daniel avait préſenté la Dame Rudd à ſa famille & à ſes amis, ſous le titre de ſa femme, & l'on ne ſavait pas qu'elle eût un autre mari. Elle était parente éloignée de Guillaume Adair, riche négociant de Londres : de tems en tems cette femme montrait à Daniel Perreau, de prétendues lettres de Guillaume Adair, remplies de témoignage d'attachement (2); il promettait même dans ces lettres, d'obtenir pour Daniel Perreau, un titre de Chevalier-Baronnet, & de le faire nommer membre du Parlement (3);

______

(1) Comme Madame de Saint-Vincent avec Vedel.

(2) Telles que celles que Madame de Saint-Vincent montrait au ſieur Vedel pour le tromper, & que celles qu'elle a enſuite fabriquées de concert avec lui.

(3) M. de Richelieu promettait auſſi de s'intéreſſer pour le ſieur Vedel, auprès du Miniſtre de la Guerre; on le faiſait même deſcendre de ſon rang, juſqu'à écrire à un homme décrié dans ſes mœurs, à un faiſeur d'affaires, pour ſolliciter, en ſon nom, M. le Duc d'Aiguillon.

cependant, à la fin de chaque lettre, le prétendu Adair s'excufait de recevoir chez lui Daniel (1). La Dame Rudd avait mis dans fa confidence un Domeftique, qui venait apporter ces lettres, le plus fouvent, quand on était à table (2); ce Domeftique a dépofé qu'elle avait deux fortes d'écriture, l'une pour fes comptes & l'autre pour les lettres dont elle le chargeait (3). Un jour elle remit à Daniel Perreau, un billet de trois mille cinq cents livres fterling, que Guillaume Adair envoyait, difait-elle, pour acheter une maifon; quelques tems après, elle lui en remit un fecond, figné comme le premier, de fept mille cinq cents livres fterling. Daniel chargea fon frere Robert, d'aller chez les fieurs Drummont, pour négocier cet effet, & fur ce qu'on doutait de la fignature, Robert dit qu'il venait de voir, lui-même, le fieur Adair qui l'avait reconnue. On lui propofa d'aller avec un des fieurs Drummont & il y confentit; Adair déclara que le billet était faux. L'apothicaire, convaincu de menfonge,

------

(1) M. de Richelieu ne recevait point non plus le fieur Vedel.

(2) Un faux Saint-Jean, habillé de rouge, galonné en argent, qu'on faifait venir exprès en préfence de quelqu'Abbé Froment, de Londres.

(3) Madame de Saint-Vincent a non-feulement deux écritures, elle en a vingt ; l'une pour les lettres qu'elle écrit elle-même, l'autre pour les lettres qu'elle écrit fous le nom de M. de Richelieu ; elle en a encore autant qu'il en faut pour imiter les différentes écritures des Religieufes & des Penfionnaires du Couvent de Milhaud ; une autre pour les prétendues lettres de Marfeille ; une autre, encore, pour la fauffe correfpondance de Peixotto ; une autre, encore, pour écrire au fieur Nerbonneau, fous le nom de la Prieure ; & les autres enfin, pour fes affaires à venir, qui, a cent mille écus de dommages & intéréts chacune, doivent lui procurer une fortune incroyable.

voulut s'excufer, en difant que fa belle-fœur, la dame Rudd, lui avait attefté qu'elle était allée, le matin du même du jour, chez le fieur Adair, & que c'était de fa propre main qu'elle tenait ce billet. La Dame Rudd, appellée, s'avoua coupable; peu après l'Apothicaire alla chez le Juge, pour faire fa dépofition; mais il trouva que la Dame Rudd l'avait pré-venu, & s'était rendue fon accufatrice & celle de Daniel, qui, de fon côté, avait préfenté des billets de la même fabrique, au fieur Brooke. Tous deux furent arrêtés; ils ont protefté jufqu'au dernier moment qu'ils étaient innocens du crime de faux, mais ils l'étaient de menfonge & de diffi-mulation, & ils avaient voulu profiter des faux billets. La Dame Rudd était accufée par les deux freres, d'être l'auteur du faux; c'était d'elle qu'ils tenaient les billets, elle en avait même fait l'aveu; elle fut citée, la femme de l'Apothicaire fe préfenta pour dépofer contr'elle; mais l'Avocat de la Dame Rudd, demanda que la Dame Perreau, avant d'être admife à dépofer, déclarât, fous la foi du ferment, qu'elle ne croyait pas que la condamnation de la Dame Rudd, pût contribuer à faire obtenir la grace de fon mari; la Dame Perreau avoua qu'elle efpérait que fi la Dame Rudd était trouvée coupable, fon mari en obtiendrait plus facilement fa grace, elle pleura & s'évanouit. L'Avocat pria les Juges de confidérer combien elle était intéreffée à la comdamnation de la Dame Rudd, & fon témoignage ne fut point admis; la Dame Rudd fut renvoyée à un plus amplement informé.

Cette affaire où les Juges femblent ne pas vouloir recher-cher l'auteur du faux, & s'attacher uniquement à la puni-tion de ceux pour qui il paraiffait avoir été commis, doit être d'une grande autorité dans celle de Madame de Saint-Vincent,

Vincent. Le fieur Vedel, comme Daniel Perreau, (en fup-
pofant qu'il n'ait point travaillé de fes mains aux faux billets de M. de Richelieu), n'a pas moins contribué au crime
de Madame de Saint-Vincent, que s'il en avait été l'ouvrier;
c'eft fa cupidité, c'eft fon afcendant fur cette femme paffion-
née, ce font fes befoins renaiffans, comme ceux de Daniel,
qui ont conduit Madame de Saint-Vincent à l'excès du crime auquel elle n'avait encore montré que la moitié de fon
penchant. Egarée dans le délire de fa paffion, elle a été auffi
infenfée que coupable; elle a été rapidement entraînée au
fond de l'abîme, qu'un homme, nous ne dirons pas fage,
mais feulement capable d'un refte de fentiment, lui aurait
fait éviter.

L'affaire de Daniel Perreau & de la Dame Rudd, à femblé fe préfenter exprès dans un royaume voifin, pour fournir
un exemple à la France. Ce font les effets, ce font les conféquences du crime qui le conftituent lui-même; ce font ces
conféquences fatales à la fûreté, au bonneur des Citoyens,
qui arment le courroux des loix. Que ne doit pas redouter
Vedel, objet & complice du crime de Madame de Saint-
Vincent?

Si ce Procès monftrueux, qui nous occupe, s'était élevé
dans une ville commerçante, avait été pourfuivi par un riche
négociant, dont on aurait contrefait la fignature, il aurait
été terminé dans trois mois par la condamnation des fauffaires; tout le monde aurait applaudi à cet acte de juftice. Et
fi les coupables avaient eu l'audace de répandre dans le public
des déclamations calomnieufes, l'indignation générale aurait
hâté leur fupplice. D'où vient donc cette différence nuifible à
la juftice, allarmante pour la fûreté publique, onéreufe à

M. le Maréchal de Richelieu? Elle eſt née de la ſatisfaction que la claſſe la plus nombreuſe du peuple, trouve dans l'inquiétude des grands, de l'eſpece de dédommagement que cette inquiétude lui procure.

Si l'on avait contrefait, pour quatre ou cinq cens mille francs, pour treize cents mille livres de billets d'un négociant de Lyon ou de Bordeaux, les Fauſſaires auraient eu tout le commerce pour ennemi; mais à Paris on ne s'intéreſſe preſque point à ce que les propriétés de M. de Richelieu ſoient ou ne ſoient pas attaquées par de fauſſes ſignatures; on craint que par l'effet malheureux d'une uſure imprudente, Rubit ſoit obligé de faire banqueroute; on plaint la veuve Leroi d'avoir été interrompue dans ſon courtage; tous, hors Vedel, que l'on rougirait de protéger, trouvent quelques partiſans : & ce ſont des hommes raiſonnables qui ſe livrent à cette compaſſion mal entendue!.... Ah! revenez de votre erreur, n'oubliez pas plus long-tems la ſûreté générale; elle eſt allarmée par le délit qu'il s'agit de punir! Propriétaires de toutes les claſſes, le crime veille autour de vous; il vous livre ſecretement la guerre; ſongez que l'affaire de M. de Richelieu eſt la vôtre!

Les billets faux que l'on répand dans le public, ſont des billets au porteur, dont l'origine peut ſe perdre dans trois jours; qui dans trois jours peuvent parvenir à la centieme main, qui ne portent aucun nom, aucune remarque que la ſignature du principal obligé, & ſont deſtinés à circuler rapidement par cette forme elle-même; un mois plus tard M. de Richelieu n'aurait jamais pu découvrir la ſource d'où ils étaient partis, ſi Madame de Saint-Vincent n'avait point fait précéder ces billets par de faux mandats qui exigeaient le concourt de plufieurs fignatures; fi les courtiers avaient été plus intelligens, plus affidés, plus difcrets; fi Rubit avait été moins inquiet, il aurait été impcffible d'en fuivre la trace & d'en retrouver les premiers agioteurs. Les corps de ces billets font faits par des Ecrivains inconnus; la fignature feule eft contrefaite; fongez qu'il n'eft aucun de vous à qui l'on ne puiffe faire la même fupercherie, & qu'il nevo's refterait aucun moyen de vous en garantir, fi les Fauffaires étaient enhardis par l'impunité de ceux qui font maintenant fous les coups de la Juftice.

Comment cherchent-ils à écarter fon glaive menaçant? C'eft en voulant amufer, par la licence de leurs écrits, les oififs d'une grande ville, à fournir des fujets à la malignité de leurs frivoles difcours, en trompant le public fur des faits qu'il n'a pas la patience & l'occafion de vérifier dans l'énormité de la procédure; c'eft en femant la calomnie, l'invective & l'injure dans des libelles multipliées : mais autant ce public qu'ils auraient voulu féduire, eft facile à recevoir les premieres impreffions, autant il eft indigné des furprifes qu'on lui a faites, lorfqu'il parvient à les découvrir.

QUELS TABLEAUX affreux préfente cette affaire! on y voit une femme, qui, pour le bonheur du genre humain, a, fans doute, peu de pareilles, abufer de tout ce que le monde a de refpectable & de facré; abufer de fa naiffance pour fe faire un droit de ne point rougir; augmenter fes mauvaifes inclinations avec l'âge; pervertir la piété qu'une captivité de quinze annéés avait infpiré en fa faveur, à un Pair, à un Maréchal de France, fon allié,

& en changer les effets dans le poifon dont elle veut abreuver fa vieilleffe ; fe livrer au fcandale, & violer des afyles faints par des actions trop méprifables, pour recevoir le nom de faibleffes; s'abbaiffer jufqu'à vouloir entourer des chaînes de l'intérêt, un homme fans délicateffe, qu'elle ne pouvait retenir dans les liens de l'amour ; fe livrer pour lui plaire , & pour payer fes complaifances, à une multitude de crimes; fe plonger d'elle-même dans l'horreur des prifons , s'endurcir à l'air qu'on y refpire , & provoquer avec audace la condamnation infamante qu'elle a méritée.

Un homme d'une profeffion à laquelle le Souverain ne commande que par les loix de l'honneur, manquer à toutes, & fe livrer à une efpece de tyrannie dont on n'avait jufqu'alors trouvé d'exemple que parmi les rebuts de la Milice, & qui ne s'était encore exercée que fur ces femmes miférables que le Gouvernement ne reconnaît que pour les punir; dégagé du frein de l'honnêteté, on le voit méprifer celui des loix : il infpire, il enhardit le crime ; il en partage les fruits, & ne tend pas à moins qu'à enlever à la crédulité des Habitans de Paris plus de cent mille écus ! fait-on même où s'arrêtaient fes projets, & à quel point il voulait tromper la foi publique ? Avec plus de myftere & d'adreffe , il n'aurait plus été poffible de retrouver autre chofe que de faux billets au Porteur ; on n'aurait pu découvrir Madame de Saint-Vincent, Vedel & Benavent, dans la foule des Agioteurs.

Des Eccléfiaftiques corrompus par la fociété d'une parente perverfe, & de fes méprifables amis oublier la décence de leur état, pour fe prêter à des affaires qui devaient leur être plus que fufpectes, & toujours défendues par leurs devoirs. Ils ne peuvent s'arrêter dans ce chemin gliffant, où la probité chancelle, & vont fe précipiter & fe perdre dans un cercle abominable de fraude, de courtage & d'ufure.

Un faifeur d'affaires, un intriguant, étroitement lié avec une femme de condition, mariée à un des premiers Magiftrats d'une Cour Souveraine, recevoir d'elle des titres peu faits pour lui; une foule d'ufuriers, de courtiers & d'agens fubalternes, employer à l'envi les manœuvres les plus coupables.

On voit, enfin, un Duc & Pair, un Maréchal de France, connu par l'éclat de fes fervices, autant que par les dignités dont il eft revêtu', invefti par cette troupe criminelle, expofé aux injures & aux cris qu'excitent contre lui le défefpoir de n'avoir pu le faire fervir à la cupidité, aux paffions abjectes dont elle eft dévorée.

Il eft tems que ce défordre ceffe; il a refté trop long-tems impuni : le fanctuaire de la Juftice eft ouvert; elle va prononcer fon arrêt & remplir les vœux de l'Europe entiere, qui demande le châtiment du crime & du fcandale.

« Une grande affaire occupait toute l'Afie; Azan, vieilli
» dans les honneurs, avait découvert une trahifon, &
» l'avait dénoncée à fa Patrie. Les coupables enhardis par
» les ennemis de la gloire & de la fortune d'Azan, rejet-
» taient fur lui cet odieux complot. La calomnie, a dit un
» Poëte oriental, eft comme le vent qui d'abord ride légere-
» ment la furface de la mer, & la change bientôt en des
» vagues terribles; les efprits étaient en fufpens, les méchans

» parlaient beaucoup, & les honnêtes gens gardaient un
» profond silence, pleins de confiance dans les chefs du
» Divan. Ces Juges vénérables cherchèrent long-tems la
» vérité; *ils la trouverent fur les levres d'un enfant, & ils*
» *y rendirent hommage* ».

CHAMBRES ASSEMBLÉES
les Princes & Pairs y féans.

MM. { *ROLLAND DE CHALLERANGE,* } Rapporteurs.
{ *& TITON,* }

M^e D'AUBERTEUIL, Avocat.

De l'Imprimerie de GRANGE, rue de la Parcheminerie. 1777.